ENTREMETS

Bavarois, charlottes, crèmes...

Gilbert WENZLER

Photos : S.A.E.P. / J.L. Syren

La coordination de cet ouvrage est assurée
par Paulette Fischer.

EDITIONS S.A.E.P.
INGERSHEIM 68000 COLMAR

✗	préparation très simple
✗ ✗	préparation facile
✗ ✗ ✗	préparation élaborée
○	peu coûteuse
⊙⊙	raisonnable
⊙⊙⊙	chère

L'entremets, plat sucré servi à la fin du repas, après le fromage, complète agréablement l'équilibre du menu.

Il doit bien sûr être choisi en fonction du plat principal, de la circonstance et même de la saison. Si le plat principal est copieux, le dessert doit être léger, et inversement.

Les entremets glacés, les bavarois, les charlottes sont plus appréciés en été, alors que beignets, crêpes, flans, conviennent mieux à un repas d'hiver. Par contre, un dessert aux fruits terminera agréablement un repas riche. Ils sont en général rapides à préparer et grâce aux fruits exotiques, entre autres, possibles en toutes saisons.

Leur présentation et leur décoration sont très importantes pour donner ce petit air de fête toujours apprécié au moment du dessert ; branche de menthe, zeste d'agrume confit, motifs en chocolat, chantilly, les rendront tentants.

Abricots au miroir

Prép. : 15 mn.
6 pers.

12 oreillons d'abricots cuits / 150 g. d'amandes / 150 g. de sucre / 1/4 lit. de lait / 2 feuilles de gélatine / 1/4 lit. de crème fouettée.

Broyer les amandes avec le sucre et 1 cuillerée de lait pour obtenir une pâte fine, la faire infuser dans le lait bouillant 5 minutes. Passer au chinois.

Ajouter à la préparation les feuilles de gélatine ramollies à l'eau froide, égouttées et fondues au bain-marie, puis la crème fouettée. Verser la préparation dans le fond des plats à œufs et poser au milieu de chaque plat 2 abricots côté bombé dessus. Mettre 2 heures au frais.

Bien exécuté, cet entremets imite parfaitement bien les œufs au plat.

Les desserts aux fruits

Entremets aux abricots

Prép. : 35 mn. Cuiss. : 40 mn.
6 pers.

18 biscuits cuillers / 3 cuillerée à soupe de rhum / 3 cuillerées à soupe d'eau / 3 œufs / 100 g. de sucre / 1 cuillerée à soupe de farine / 75 g. d'amandes en poudre / 1 boîte 4/4 d'abricots au sirop / Extrait d'amandes amères / 50 g. d'amandes effilées grillées / 80 g. de beurre.

Humecter les biscuits dans un mélange rhum-eau et en tapisser un moule beurré.
Travailler les 3 jaunes avec le sucre, ajouter les amandes et la farine, quelques gouttes d'extrait d'amandes amères, 40 g. de beurre fondu puis les blancs en neige.
Verser sur les biscuits et poser les oreillons d'abricots dessus. Cuire au four th. 6. Servir tiède ou froid dans le moule. Saupoudrer d'amandes effilées grillées dans 20 g. de beurre.

Terrine d'abricots

Prép. : 25 mn.
8 pers.

500 g. d'abricots cuits / 1/4 lit. de crème / 3 feuilles de gélatine / 10 g. de sucre glace / 2 cl. de kirsch / 300 g. de fraises / 200 g. de sucre.

Mixer les fraises avec 100 g. de sucre. Mixer 400 g. d'abricots avec le reste de sucre.
Battre la crème et le sucre glace en chantilly.
Ramollir les feuilles de gélatine à l'eau froide, les égoutter, les faire fondre au bain-marie et les additionner aux abricots avec le kirsch et la chantilly.
Verser dans un moule et mettre au froid 2 heures.
Dresser des tranches sur des assiettes, les entourer de coulis de fraises, décorer d'un morceau d'abricot.

Crèmes frites aux agrumes

XXX O
Prép. : 1 h. Cuiss. : 15 mn.
4 pers.

150 g. de sucre / 4 œufs / 120 g. de farine / 1/2 lit. de lait / 1/2 gousse de vanille / 2 oranges / 2 citrons / 80 g. de poires cuites taillées en brunoise / 100 g. de beurre / 200 g. d'amandes en poudre / Coulis de fruits rouges.

    Travailler les œufs, le sucre, la farine. Ajouter le lait vanillé bouillant. Cuire en remuant. Diviser en 3 parts. Dans l'une incorporer le zeste râpé et le jus de 2 oranges.
    Dans l'autre ajouter le jus et le zeste râpé de 2 citrons.
    Dans la 3ème partie, ajouter une brunoise de poires.
    Verser ces préparations dans des moules. Refroidir. Tailler en losanges l'appareil à l'orange, en carrés l'appareil au citron. Former en poires l'appareil aux poires.
    Passer dans le beurre fondu puis panner dans la poudre d'amandes. Faire frire pour dorer l'extérieur et rendre l'intérieur moelleux. Dresser sur des serviettes. Accompagner de coulis de fruits rouges.

Ananas meringué

Prép. : 45 mn. Cuiss. : 40 mn.
8 pers.

1 ananas / 5 cl. de kirsch / 1 lit. de lait / 200 g. de riz rond / 150 g. de sucre / 1/2 gousse de vanille / 2 jaunes d'œufs / 4 blancs d'œufs / 250 g. de sucre glace.

Avec les blancs et le sucre glace, préparer un meringage (p. 95).

Cuire le riz dans le lait avec la gousse de vanille fendue. En fin de cuisson, ajouter les jaunes d'œufs battus avec le sucre.

Enlever une partie de l'écorce de l'ananas en laissant le panache. Le vider et tailler la pulpe en petits dés, mettre à macérer dans le kirsch. Incorporer cette pulpe dans le riz et le dresser en dôme dans l'écorce.

Recouvrir d'une couche de meringage, passer au four, th. 8, 1 minute, le temps de dorer et servir.

Bananes soufflées

Prép. : 25 mn. Cuiss. : 20 mn.
8 pers.

8 bananes / 1/4 lit. de crème pâtissière (p. 90) / 3 blancs en neige / 3 cl. de rhum / Sucre glace.

Enlever une bande d'écorce à chaque banane, retirer la chair sans les abîmer, la mixer, l'ajouter à la crème pâtissière, avec le rhum et délicatement les blancs en neige.

Dresser à la poche à douille dans les écorces de bananes, disposer dans un plat sur du gros sel et cuire 20 minutes au four, th. 6. Saupoudrer de sucre glace pour servir.

Mousse au citron

Prép. : 10 mn. Cuiss. : 3 mn.
8 pers.

5 citrons / 250 g. de sucre / 5 œufs / 50 g. de beurre.

Râper les zestes de 3 citrons, les mettre dans une casserole avec le jus des 5 citrons, le sucre, les œufs. Battre et faire épaissir sur le feu, en remuant.

Retirer après 2 minutes d'ébullition et incorporer le beurre par petits morceaux. Mettre au frais. Utiliser à froid.

On peut servir cette mousse dans des tartelettes cuites à blanc.

Suédois au citron

Prép. : 25 mn. Cuiss. : 1 h. 50 mn.
8 pers.

400 g. de pommes de terre à chair jaune / 150 g. de noisettes hachées grillées / 150 g. de sucre / 100 g. de beurre / 3 cuillerées à café de fécule / 1 sachet de levure en poudre / 3 œufs / 1/2 jus de citron + le zeste d'un citron / 100 g. d'amandes effilées / Sucre glace / 4 dl. de crème anglaise (p. 91).

   Cuire les pommes de terre lavées, enveloppées individuellement dans du papier aluminium au four, th. 8. Les éplucher, les mouliner, ajouter 80 g. de beurre, la fécule, les noisettes hachées, le sucre, les jaunes d'œufs, le zeste et le jus de citron. Incorporer délicatement les blancs en neige.
   Beurrer un moule et le chemiser entièrement d'amandes. Verser la pâte et mettre cuire au four, th. 4.
   Saupoudrer de sucre glace. Accompagner de crème anglaise.

Coupe aux fraises

Prép. : 15 mn.
4 pers.

4 œufs / 150 g. de sucre / 200 g. de fraises / 4 cuillerées à soupe de confiture de fraises / 10 cl. de kirsch / Feuilles de menthe / 1/2 lit. de lait.

Faire macérer les fraises avec 25 g. de sucre et 5 cl. de kirsch.

Travailler les jaunes avec 75 g. de sucre et le reste de kirsch au bain-marie jusqu'à ce que le mélange soit mousseux (8 minutes).

Battre les blancs en neige et incorporer 50 g. de sucre.

Porter le lait à ébullition et y pocher des boules de blanc formées avec une cuillère.

Dans 4 verres déposer un peu de confiture, répartir les fraises puis couler le sabayon et garnir de blancs pochés. Mettre 1 heure au frais. Décorer de feuilles de menthe.

Fraises à la crème de menthe

Prép. : 15 mn.
6 pers.

600 g. de fraises / 1/2 lit. de chantilly peu sucrée / 7 cl. d'alcool de menthe / 1 bouquet de menthe.

Equeuter les fraises, les couper en petits morceaux, ajouter l'alcool puis la chantilly et quelques feuilles de menthe lavées et hachées.

Dresser en coupes et décorer de feuilles entières de menthe. Accompagner de petits fours.

Gratin chaud aux framboises

Prép. : 15 mn. Cuiss. : 2 mn.
6 pers.

1 fond de génoise (p. 94) / 400 g. de framboises / 25 cl. de crème pâtissière (p. 90) / 25 cl. de crème fouettée / 4 cl. d'eau de vie de framboise / 50 g. de sucre en poudre / Amandes effilées / 20 g. de flocons de beurre / Sucre glace.

Poser la génoise dans un plat et la garnir de framboises macérées au sucre et à l'eau de vie.

Mélanger la crème pâtissière, la crème fouettée et l'alcool de macération des framboises.

Masquer les framboises de cette crème, parsemer la surface d'amandes, poser quelques flocons de beurre, saupoudrer de sucre glace et mettre sous le gril 2 minutes. Servir aussitôt.

Fromage blanc aux framboises

Prép. : 10 mn.
6 pers.

500 g. de fromage blanc / 150 g. de sucre / 300 g. de framboises / 1 dl. de crème fraîche / Quelques feuilles de menthe.

Battre le fromage blanc avec le sucre. Ecraser les 2/3 de framboises et les ajouter au fromage. Fouetter la crème et l'incorporer au fromage blanc. Servir en coupe. Décorer de framboises entières et de feuilles de menthe.

Fruits aux épices

Prép. : 15 mn. Cuiss. : 10 mn.
8 pers.

8 oreillons d'abricots dénoyautés / 4 poires cuites en cubes / 3 bananes en rondelles / 1 melon taillé en cubes / 1 mangue en cubes / 1 tranche d'ananas en cubes / 4 cuillerées à soupe de miel liquide de romarin / 1/2 cuillerée à soupe de cumin - coriandre - curcuma - girofle moulu - piment doux / Le jus d'1 citron vert / 2 dl. de lait de coco / 3 dl. d'eau / 1 cuillerée à soupe de pistaches hachées.

Mettre tous les fruits cuire avec le miel, le jus de citron et l'eau 5 minutes. Ajouter les épices, cuire 5 minutes. Laisser refroidir, incorporer le lait de coco. Mettre au frais 2 heures. Saupoudrer le dessus de pistaches hachées.

Gratin de fruits

Prép. : 30 mn. Cuiss. : 11 mn.
6 pers.

125 g. de fraises des bois / 125 g. de framboises / 1 kg. de fraises / 1 grappe de raisin blanc / 1 pomme / 1 banane / 6 biscuits cuillers / 6 jaunes d'œufs / 300 g. de sucre / 12,5 cl. de vin blanc sec / 5 cl. de kirsch / Feuilles de menthe.

Fouetter au bain-marie sur feu doux, les jaunes d'œufs avec 150 g. de sucre, le vin, le kirsch jusqu'à ce que le mélange soit mousseux (10 minutes).

Mixer 500 g. de fraises avec 150 g. de sucre. Préparer une salade avec les fruits restants, les mélanger au coulis de fraises et répartir le mélange dans des assiettes creuses, ajouter les biscuits cassés en morceaux et napper de sabayon.

Passer les assiettes sous le gril pendant quelques secondes. Décorer d'une feuille de menthe.

On peut enrichir chaque assiette en y ajoutant une boule de glace vanille.

Crème aux fruits confits

Prép. : 20 mn. Cuiss. : 7 mn.
6 pers.

100 g. de fruits confits en cubes / 75 g. de raisins secs / 5 cl. de rhum / 1/2 lit. de lait / 2 œufs / 1 jaune d'œuf / 2 cuillerées à soupe de fécule / 125 g. de sucre.

Faire macérer les fruits confits et les raisins dans le rhum.
Délayer la fécule dans un peu de lait froid. Travailler les œufs et le jaune avec le sucre, ajouter la fécule puis verser dans le lait bouillant et cuire 5 minutes jusqu'à l'épaississement. Retirer du feu, ajouter les fruits et le rhum.
Verser dans des verres et mettre au frais jusqu'au moment de servir.

Miroir aux fruits de la passion

Prép. : 30 mn.
8 pers.

1/4 lit. de crème / 6 œufs / 200 g. de sucre semoule / 150 g. de pulpe de fruits de la passion / 5 feuilles de gélatine / 1 kiwi.

Mettre la crème à bouillir.
Battre les jaunes et le sucre et verser dans la crème, cuire à petit feu jusqu'à la nappe. Ajouter les feuilles de gélatine trempées à l'eau froide, égouttées, et la pulpe de fruits.
Monter les blancs en neige avec le restant de sucre et les ajouter à la crème refroidie. Verser cette mousse dans un moule et la mettre 3 heures au frais. Pour servir, démouler, décorer de tranches de kiwi.

Omelette soufflée aux fruits

Prép. : 10 mn. Cuiss. : 8 mn.
3 pers.

6 œufs / 100 g. de sucre / 50 g. de beurre / 5 cl. de grand-marnier / 50 g. de dés de poires / 50 g. de fraises / 50 g. d'oranges en petits dés / 50 g. de pommes en petits dés / 50 g. de banane.

Mariner les fruits en dés dans 5 cl. de grand-marnier.
Fouetter les jaunes d'œufs avec 100 g. de sucre jusqu'à ce que le mélange blanchisse, ajouter les blancs en neige.
Faire cuire l'omelette, poser les fruits égouttés sur une moitié et la glisser, en la repliant, sur un plat.
Saupoudrer de sucre.

Pour une présentation plus raffinée on peut quadriller le dessus de l'omelette à l'aide d'un fer rouge.

Clafoutis aux kiwis

Prép. : 10 mn. Cuiss. : 45 mn.
6 pers.

Pâte à crêpes : *125 g. de farine / 150 g. de sucre / 3 œufs / 25 cl. de lait / 1 pincée de sel.*
5 kiwis / 20 g. de beurre / 2 cuillerées à soupe de sucre glace .

Beurrer un plat allant au four et y disposer les rondelles de 4 kiwis épluchés.
Préparer une pâte à crêpes et verser sur les kiwis. Mettre au four, th. 7.
A la sortie, laisser tiédir, saupoudrer de sucre glace et garnir de tranches de kiwi.

Crème aux kiwis

Prép. : 20 mn. Cuiss. : 10 mn.
4 pers.

4 kiwis / 2 citrons / 200 g. de fraises des bois / 1/2 lit. de lait / 150 g. de sucre / 6 œufs / 5 cl. de kirsch.

Préparer une crème anglaise avec le lait, les jaunes d'œufs, 100 g. de sucre. Parfumer avec le kirsch.
Détailler les zestes de citron en fines lanières, les blanchir à l'eau bouillante et les faire pocher 5 minutes dans 50 g. de sucre et 1 dl. d'eau.
Eplucher les kiwis, les tailler en tranches.
Répartir les tranches de kiwis dans des coupelles, verser la crème dessus, saupoudrer de fraises et de zestes de citron.
Servir très frais.

Melons aux raisins

Prép. : 15 mn.
6 pers.

3 melons / 1 grappe de raisin blanc / 1 grappe de raisin noir / 3 cuillerées à soupe de sucre / 1 dl. de muscat.

Couper les melons en deux, les évider en formant des boules à l'aide d'une cuillère à pomme parisienne, les mettre dans un saladier avec les raisins lavés, le sucre et le muscat.

Macérer 2 heures et remettre dans les écorces de melon.

Flan de mûres

Prép. : 15 mn. Cuiss. : 55 mn.
6 pers.

400 g. de mûres / 150 g. de sucre / 125 g. de farine / 3 œufs / 1/4 lit. de lait / 1 cuillerée à soupe de crème / 20 g. de beurre.

Faire macérer les mûres avec le sucre.
Préparer une pâte avec la farine, les œufs, le lait, la crème. Ajouter les mûres au sucre.
Verser dans un moule beurré. Mettre cuire au four, th. 6. Servir tiède ou froid.

Gratin de pêches

Prép. : 25 mn. Cuiss. : 6 mn.
4 pers.

8 pêches / 3 jaunes d'œufs / 80 g. de sucre / 1,5 dl. de Monbazillac.

Plonger les pêches dans de l'eau bouillante pour les émonder, les couper en deux et retirer les noyaux, les poser dans un plat à gratin.

Fouetter les jaunes et le sucre pour les faire blanchir, ajouter le vin blanc et mettre sur le feu au bain-marie en fouettant sans arrêt. Lorsque la crème est mousseuse, verser sur les pêches et passer 1 minute sous le gril. Servir aussitôt.

Pêches flambées

Prép. : 10 mn. Cuiss. : 5 mn.
4 pers.

8 demi-pêches / 150 g. de sucre / Le jus d'un demi-citron / Le jus d'une demi-orange / Julienne de zestes d'un demi-citron et d'une demi-orange / 1 dl. de rhum brun agricole / 50 g. de beurre.

Faire blanchir 1 minute à l'eau bouillante les zestes de citron et d'orange. Laisser refroidir.

Faire fondre dans une poêle une noix de beurre et y faire dorer les pêches. Les retirer, ajouter le sucre, cuire jusqu'au caramel blond puis ajouter les jus d'orange et citron. Remettre les pêches, flamber au rhum, ajouter la julienne de zestes d'orange et citron.

Servir aussitôt.

Poires au caramel

Prép. : 15 mn. Cuiss. : 15 mn.
4 pers.

4 poires / 1/2 citron / 1 dl. d'eau / 100 g. de sucre / 1 feuille de laurier / 1 clou de girofle / 30 g. d'amandes effilées.

Peler les poires en gardant la queue attenante, les frotter avec le citron.
Préparer un sirop avec l'eau, le sucre, le laurier, et le clou de girofle. Ajouter les poires et les cuire à couvert doucement. Les dresser sur un plat. Retirer laurier et girofle. Réduire le jus de cuisson des poires jusqu'au caramel clair et en napper les poires. Saupoudrer d'amandes effilées grillées.

Mousse de poires à la banane

Prép. : 20 mn.
6 pers.

700 g. de poires / 2 bananes / 1 citron / 80 g. de sucre / 2 cuillerées à soupe d'alcool de poire / 30 g. d'amandes effilées / 30 g. de beurre.

Peler, épépiner, citronner les poires. Les mixer avec les bananes, le jus d'un citron, l'alcool et le sucre.
Servir dans des coupes saupoudrées d'amandes effilées et grillées.

Il est prudent de préparer cette mousse au dernier moment, sinon la préparation noircit.

Pommes soufflées "normande"

Prép. : 25 mn. Cuiss. : 25 mn.
8 pers.

8 pommes golden / 2 dl. de crème pâtissière (p. 90) / 5 cl. de calvados / 3 blancs d'œufs / 1 citron / 20 g. de beurre / 2 cuillerées à soupe de sucre glace.

Décalotter les pommes et les creuser avec beaucoup de précautions. Les citronner. Récupérer la chair, enlever les cartilages, la cuire avec un peu de jus de citron et une noix de beurre. Mixer, ajouter la purée à la crème pâtissière, le calvados et les blancs en neige.

Remplir les pommes aux 2/3 avec la préparation et mettre au four, th. 6. Saupoudrer de sucre glace et servir aussitôt.

Pommes surprise

Prép. : 20 mn. Cuiss. : 20 mn.
6 pers.

6 pommes / 60 g. de cerneaux de noix / 40 g. de raisins secs / 6 cuillerées à soupe de miel / 6 cuillerées à soupe de rhum / 50 g. de beurre.

Mettre les raisins à gonfler dans le rhum.
Décalotter les pommes, les vider. Tailler la chair en petits cubes, ajouter le miel, les raisins égouttés (réserver le rhum), les remplir de ce mélange et poser sur chacune une noisette de beurre.
Ranger les pommes dans un plat allant au four et les mettre cuire au four, th. 6, 20 minutes.
Arroser chaque pomme de rhum ayant servi à macérer les raisins et flamber à table.

Flan de pommes

Prép. : 25 mn. Cuiss. : 35 mn.
8 pers.

8 golden épluchées et émincées / 40 g. de beurre / 80 g. de sucre / 80 g. de raisins secs macérés au kirsch / Le zeste d'1/2 citron / 6 œufs / 2 dl. de crème / 1 pincée de cannelle / 3 dl. de crème anglaise (p. 91).

Faire rissoler les pommes au beurre, ajouter le sucre, les raisins secs, la cannelle, le zeste râpé.
Verser dans un moule à charlotte beurré.
Battre les œufs en omelette, ajouter la crème et verser sur les pommes. Mettre cuire au four, th. 6, au bain-marie, 35 minutes.
Servir accompagné de crème anglaise.

Pain perdu aux pommes

Prép. : 15 mn. Cuiss. : 30 mn.
6 pers.

6 tranches de pain de campagne / 60 g. de beurre / 6 pommes reinette / 100 g. de sucre / 2 œufs / 1 dl. de crème.

Beurrer les tranches de pain et les poser dans un plat beurré allant au four, côté non beurré au fond.
Poser dessus des tranches de pommes. Battre les œufs en omelette, ajouter le sucre et la crème et verser ce mélange sur les pommes. Mettre cuire au four, th. 7.
Servir tiède dans le plat de cuisson.

Pavé aux pommes

Prép. : 20 mn. Cuiss. : 1 h.
8-10 pers.

12 pommes reinettes / 300 g. de sucre / 8 œufs / 50 g. de beurre / 1 citron / 12 morceaux de sucre / 2 pommes golden / 1/2 bâtonnet de cannelle.

Cuire les pommes pelées avec 1/2 verre d'eau, 200 g. de sucre, le jus du citron. Mixer. Ajouter le beurre, les œufs battus.

Préparer un caramel avec les morceaux de sucre et en chemiser un moule. Y verser la préparation. Faire cuire 1 heure au four, th. 7. Laisser refroidir.

Faire cuire les pommes golden pelées, coupées en quartiers dans 100 g. de sucre, 1 verre d'eau et la cannelle.

Démouler le pavé sur un plat et le décorer des tranches de pommes.

On peut accompagner de crème anglaise au caramel (p. 91).

Les bavarois

Bavarois au jus de pomme

🍴 ○

Prép. : 15 mn. Cuiss. : 2 mn.
4 pers.

25 cl. de jus de pomme / 4 cuillerées à soupe de sucre / 3 feuilles de gélatine / 2 dl. de crème fouettée / Angélique.

Chauffer 5 cl. de jus de pomme avec le sucre. Ramollir la gélatine dans 1 cuillerée d'eau froide et l'ajouter au jus de pomme chaud. Ajouter le reste de jus de pomme. Lorsque la masse commence à prendre, incorporer la crème fouettée. Verser dans des petits moules et mettre au frais 3 heures.

Démouler, décorer de motifs d'angélique. Servir.

On peut faire un bavarois à l'orange en remplaçant le jus de pomme par du jus d'orange.

Bavarois aux deux parfums

🍴 ○

Prép. : 35 mn.
10 pers.

4 cl. de grand-marnier / 120 g. de purée de châtaignes / 1/2 lit. de lait / 150 g. de sucre / 8 jaunes / 6 feuilles de gélatine / 4 dl. de crème fouettée / 6 marrons glacés / Chantilly.

Préparer une crème anglaise avec le lait, le sucre, les jaunes d'œufs (p. 91), puis y incorporer les feuilles de gélatine ramollies à l'eau froide. Diviser en deux. Parfumer une moitié au grand-marnier et l'autre moitié à la purée de châtaignes.

Ajouter 2 dl. de crème fouettée à chaque préparation, lorsque le mélange commence à épaissir.

Garnir un moule avec la crème aux châtaignes, mettre 1/4 d'heure au frais pour la prise, puis compléter avec la crème au grand-marnier. Mettre 3 heures au frais. Pour servir, démouler, décorer de marrons glacés et de rosettes de chantilly.

Bavarois aux framboises

Prép. : 30 mn. Cuiss. : 5 mn.
6 pers.

500 g. de famboises / 200 g. de sucre / 2,5 dl. de crème / 6 feuilles de gélatine.

Mixer les framboises, les passer au tamis.
Faire ramollir les feuilles de gélatine dans 5 cl. d'eau froide. Préparer un sirop avec 1 dl. d'eau et le sucre. Au premier bouillon, retirer du feu. Ajouter la gélatine égouttée, en remuant jusqu'à dissolution et le jus de framboises. Plonger la casserole dans l'eau froide.
Fouetter la crème, puis la mélanger à la préparation. Beurrer un moule, verser la mousse. Mettre au froid.
Pour démouler, tremper le moule 5 secondes dans de l'eau chaude.
Décorer avec de la crème Chantilly et des framboises.

On peut réaliser de la même manière, un bavarois aux fraises, aux cassis, à l'abricot.

Les crèmes, les mousses...

Crème caramel

Prép. : 10 mn. Cuiss. : 25 mn.
6 pers.

1/2 lit. de lait / 4 œufs / 1/2 gousse de vanille / 80 g. de sucre + 150 g.

Avec les 150 g. de sucre, préparer un caramel et chemiser un moule ou plusieurs petits, individuels.

Battre les œufs en omelette, ajouter en fouettant le lait bouillant sucré et vanillé. Verser dans le ou les moules et mettre au four, th. 6 au bain-marie, 25 minutes.

Vérifier la cuisson à l'aide d'une aiguille.

Laisser refroidir et démouler.

Crème au chocolat

Prép. : 20 mn. Cuiss. : 2 mn.
4 pers.

1/4 lit. de lait / 4 jaunes d'œufs / 50 g. de sucre / 1/2 gousse de vanille / 200 g. de chocolat au lait / 1/4 lit. de crème Chantilly.

Faire bouillir le lait avec le sucre et la gousse de vanille fendue et le verser sur les jaunes d'œufs battus. Chauffer en remuant, sans laisser bouillir, jusqu'à ce que la crème nappe la cuillère. Hors du feu, sans cesser de remuer, incorporer le chocolat fondu au bain-marie.

Après complet refroidissement, ajouter délicatement la chantilly.

Dresser en coupe et mettre 1 heure au frais avant de servir.

Crème péruvienne

Prép. : 20 mn. Cuiss. : 30 mn.
6 pers.

50 g. de grains de café / 1/2 gousse de vanille / 100 g. de chocolat / 175 g. de sucre / 3/4 lit. de lait / 4 jaunes d'œufs / 2 œufs.

Porter le lait à ébullition avec la gousse de vanille fendue, les grains de café, 100 g. de sucre. Filtrer.

Préparer un caramel avec 75 g. de sucre et l'arrêter en y versant 1/2 verre d'eau, ajouter le chocolat cassé en morceaux. Verser le lait passé au chinois sur le caramel, puis sur les œufs et les jaunes battus en remuant. Répartir dans des petits moules individuels. Mettre cuire au bain-marie, au four, th. 6, 30 minutes. La crème est cuite lorsqu'elle ne coule pas quand on incline le moule.

Servir frais.

Mousse au café

Prép. : 40 mn. Cuiss. : 20 mn.
8 pers.

250 g. de beurre / Extrait de café / Meringues à la suisse (p. 95).

Malaxer le beurre à la spatule pour le réduire en pommade, ajouter quelques gouttes d'extrait de café et incorporer la meringue légèrement refroidie.
Dresser dans des coupes.

On peut se servir de cette mousse pour réunir 2 coques de meringues.

Oeufs à la neige

Prép. : 30 mn. Cuiss. : 20 mn.
4 pers.

1/2 lit. de lait / 100 g. de sucre + 125 g. / 4 œufs / 1/2 gousse de vanille / 10 morceaux de sucre.

Battre 2 blancs d'œufs en neige, ajouter 125 g. de sucre et fouetter le mélange, au bain-marie, 10 minutes. Retirer et battre jusqu'au refroidissement.
Prélever des boules de blanc à l'aide d'une cuillère et les pocher 1 minute sur chaque face dans le lait frémissant vanillé. Les égoutter sur du papier absorbant.
Passer le lait au chinois, ajouter 100 g. de sucre. Délayer 4 jaunes avec un peu de lait et les verser dans le lait. Cuire jusqu'à la nappe.
Verser la crème dans une coupe froide. Poser dessus les boules de blanc.
Faire un caramel avec le sucre en morceaux et le couler sur les blancs.

Mousse au chocolat

Prép. : 45 mn.
8 pers.

375 g. de ganache (p. 92) / 250 g. de beurre / Meringue à la suisse (p. 94).

Battre la ganache au fouet et y incorporer le beurre en pommade. Lorsque le mélange est lisse, incorporer délicatement la meringue à l'aide d'une spatule.

Cette crème peut servir à fourrer une génoise au chocolat.

Mousse aux marrons

Prép. : 25 mn.
6 pers.

250 g. de purée de marrons / 100 g. de beurre / 5 cl. de rhum.
Sirop : *1/4 lit. d'eau / 200 g. de sucre.*

Préparer le sirop en faisant bouillir ensemble l'eau et le sucre.

Travailler la purée de marrons avec un fouet puis ajouter le sirop tiède (30°C) en filet, ajouter le beurre en pommade et le rhum. Travailler jusqu'à ce que le mélange soit lisse.

Servir en coupes.

autre recette :

250 g. de purée de marrons / 25 cl. d'eau / 200 g. de sucre / 5 cl. de rhum / 80 g. de chantilly.

Préparer le sirop en faisant bouillir ensemble l'eau et le sucre. Hors du feu ajouter le rhum.

Travailler la pâte aux marrons au fouet, ajouter le sirop tiède puis la chantilly. Servir froid.

Pavé aux marrons

Prép. : 30 mn.
8 pers.

1 boîte 4/4 de purée de marrons au naturel / 200 g. de sucre / 120 g. de beurre fondu / 200 g. de chocolat de ménage / 1 sachet de paillettes de chocolat / 8 marrons glacés / Crème anglaise (p. 91).

Travailler la pâte de marrons avec le beurre. Lisser, ajouter le chocolat fondu, le sucre. Travailler pour rendre le mélange lisse.

Verser dans un moule et mettre au frais une nuit. Démouler, saupoudrer entièrement de paillettes de chocolat. Décorer avec les marrons glacés.

Servir avec une crème anglaise.

Ce pavé se conserve très bien plusieurs jours au réfrigérateur.

Mousse pralinée

Prép. : 35 mn.
8 pers.

250 g. de beurre / 250 g. de pralin / 250 g. de meringue à la suisse (p. 95).

**Réduire le beurre en pommade, y incorporer le praliné. Incorporer délicatement, à la spatule, la meringue refroidie.
Dresser en coupe à l'aide d'une poche munie d'une douille cannelée.**

Peut servir à fourrer un succès ou une génoise.

Mousseline au café

Prép. : 10 mn.
6 pers.

2 dl. de crème / 150 g. de sucre glace / 4 blancs d'œufs / Quelques gouttes d'extrait de café / 1/4 lit. de crème anglaise (p. 91).

Fouetter la crème.

Battre les blancs en neige, avec le sucre glace.

Mélanger la crème anglaise, la crème fouettée et les blancs en neige, ajouter l'extrait de café. Mettre au frais.

Servir dans des grands verres.

Soufflé au chocolat

Prép. : 20 mn. Cuiss. : 30 mn.
4 pers.

100 g. de chocolat / 60 g. de maïzena / 30 g. de beurre / 3 œufs / 1 pincée de sel / 2 dl. de lait / 1/2 gousse de vanille / 50 g. de sucre / Sucre glace.

Râper le chocolat.
Délayer la fécule avec un peu de lait froid. Chauffer doucement, sans cesser de tourner et en ajoutant le reste du lait, puis le chocolat. Laisser épaissir.
Battre les jaunes d'œufs avec le sucre jusqu'à ce que le mélange blanchisse, verser la préparation au chocolat dessus, en remuant.
Battre les blancs d'œufs, avec le sel en neige ferme et les incorporer délicatement.
Beurrer un moule à soufflé, y verser la préparation. Faire cuire à feu doux, th. 5, 10 minutes, puis th. 6, 20 minutes, jusqu'à ce que le soufflé soit bien levé et soufflé.
Saupoudrer de sucre glace.

Les soufflés prennent des appellations différentes suivant qu'ils sont parfumés, à la vanille, à la liqueur ou autre alcool etc., ajoutés dans le lait avant de le verser sur le mélange œufs-sucre.

Suprême au chocolat

Prép. : 20 mn.
4 pers.

200 g. de chocolat / 100 g. de beurre / 4 œufs / 30 g. de sucre glace / 1/4 lit. de chantilly / Paillettes de chocolat.

Faire fondre le chocolat au bain-marie, ajouter le beurre en flocons, travailler à la spatule. Ajouter les jaunes d'œufs et le sucre glace. Monter les blancs en neige et les incorporer au chocolat. Verser dans un moule en couronne et mettre 3 heures au frais.

Démouler et garnir le centre de la couronne de chantilly, poudrer de paillettes en chocolat.

Les desserts glacés

Bavaroise au café

Prép. : 15 mn. Cuiss. : 3 mn.
6 pers.

1/4 lit. de café chaud / 1/2 lit. de lait / 125 g. de sucre / 1 cuillerée à soupe de miel / 6 jaunes d'œufs / 1 dl. de cognac / 6 boules de glace café.

Travailler les jaunes avec le sucre, ajouter le miel, le café, le lait chaud. Fouetter 3 minutes sur feu doux, ajouter le cognac.

Dresser dans des grands verres à pied, ajouter une boule de glace dans chaque verre et servir.

On peut remplacer le cognac par du whisky.

Bavaroise au thé

Prép. : 15 mn.
6 pers.

1/4 lit. de thé (Darjeeling) / 1/2 lit. de lait / 125 g. de sucre / 1 cuillerée à soupe de miel / 6 jaunes d'œufs / 1 dl. de rhum / 6 boules de glace vanille.

Filtrer le thé. Travailler les jaunes et le sucre, incorporer le miel, le thé, le lait chaud. Fouetter 3 minutes sur feu doux, ajouter le rhum. Dresser dans des grands verres à pied, ajouter une boule de glace à la vanille et servir.

Mousse glacée aux abricots

Prép. : 35 mn.
4 pers.

1 boîte d'abricots 4/4 / 4 œufs / 200 g. de sucre / Le jus d'1/2 citron.

Mixer les 3/4 des abricots avec 1/3 du sucre et le jus de citron.
Travailler les jaunes avec la moitié de sucre restant au fouet électrique pendant 15 minutes. Ajouter la purée de fruits. Incorporer les blancs montés en neige ferme avec le reste de sucre.
Verser dans un moule et faire prendre dans la partie freezer du réfrigérateur.
Pour servir, démouler sur un plat et décorer avec les abricots restants.

Mousse glacée à l'ananas

Prép. : 20 mn. Cuiss. : 5 mn.
6 pers.

1 ananas / 4 œufs / 150 g. + 50 g. de sucre glace / 1 citron / 2 tranches d'ananas confit.

Couper l'ananas en deux dans la longueur sans enlever le panache. Retirer la chair et la mixer avec le jus de citron.
Mélanger les jaunes d'œufs, 150 g. de sucre glace et la purée d'ananas. Faire épaissir en évitant l'ébullition, laisser refroidir. Battre les blancs en neige avec les 50 g. de sucre, les ajouter à la crème d'ananas. Verser dans les coques d'ananas et mettre au freezer.
Pour servir décorer de tranches d'ananas confit.

Fraises melba

Prép. : 10 mn.
6 pers.

1 bloc ménage de glace vanille / 550 g. de fraises / 100 g. de sucre / 3 dl. de chantilly sucrée.

Laver, équeuter les fraises. Mixer 250 g. de fraises avec le sucre. Répartir les boules de glace dans les verres, ajouter le reste de fraises et le coulis. Décorer de chantilly.
Accompagner de petits fours.

Tulipes aux fraises

Prép. : 40 mn. Cuiss. : 15 mn.
8 pers.

1 bloc ménage de glace vanille / 4 blancs d'œufs / 150 g. de sucre glace / 100 g. de farine / 1 sachet de sucre vanillé / Coulis de fraises / 1 orange / 5 cl. de sirop de grenadine.

Battre les blancs d'œufs en neige ferme. Incorporer le sucre tamisé, la vanille, puis la farine.
Verser la pâte par petits tas (3 à la fois) très espacés sur une rôle bien beurrée et faire cuire au four pendant 5 minutes, th. 7.
Dès qu'elles blondissent, à la bouche du four, les décoller, les renverser aussitôt sur un verre retourné et rabattre le bord avec les mains pour modeler en forme de coupe.
Mettre le zeste de l'orange coupé en lanières 5 mn dans le sirop de grenadine pour le confire. Dans chaque tulipe, mettre une boule de glace, napper de coulis de fraises. Décorer de quelques zestes.

Coulis de fruits rouges

Prép. : 10 mn. Cuiss. : 10 mn.

250 g. de fraises / 150 g. de sucre semoule.

    Laver et équeuter les fraises. Les écraser grossièrement avec une fourchette, ajouter le sucre. Faire cuire à petit feu pendant 10 minutes à partir de l'ébullition.
    Laisser refroidir, puis passer au tamis fin.

*On peut réaliser des coulis avec d'autres fruits.
Il existe en épicerie fine des coulis tout prêts.*

Soufflé glacé aux fraises

Prép. : 30 mn. Cuiss. : 10 mn.
6 pers.

5 blancs d'œufs / 250 g. de sucre glace / 500 g. de fraises / Le jus d'1/2 citron / 1/4 lit. de crème.

Préparer un meringage en montant les blancs en neige avec le sucre au bain-marie. Fouetter 10 minutes à petite ébullition puis 10 minutes hors du feu pour refroidir.
Monter la crème en Chantilly.
Laver les fraises, les mixer avec le jus de citron.
Mélanger les trois éléments et verser dans un moule entouré d'une bandelette de papier pour faire dépasser la préparation. Mettre au frais.
Pour servir, ôter la bandelette de papier et décorer de fruits de même composition qu'à l'intérieur.

Soufflé glacé au grand-marnier

Prép. : 30 mn.
4 pers.

5 jaunes d'œufs / 150 g. de sucre / 6 feuilles de gélatine / 5 blancs en neige / 5 cl. de grand-marnier / 1/4 lit. de crème / 2 cuillerées à soupe de sucre glace / 2 cuillerées à soupe de cacao en poudre / 10 biscuits cuillers.

Battre les jaunes d'œufs et le sucre au bain-marie jusqu'au ruban. Retirer du feu, ajouter la gélatine ramollie dans un peu d'eau froide, égouttée, continuer de battre jusqu'au refroidissement. Ajouter l'alcool puis la crème fouettée et les blancs en neige.

Verser la moitié de la préparation dans un moule, entouré d'une bandelette de papier pour faire dépasser la préparation, ajouter les biscuits coupés en dés, couvrir avec le reste de crème. Mettre au freezer.

Pour servir, ôter la bande de papier, saupoudrer de cacao en poudre puis de sucre glace pour donner l'illusion d'un soufflé.

Bombe glacée aux griottes

Prép. : 35 mn.
6 pers.

1 bloc ménage de glace vanille / 1/4 lit. de crème / 400 g. de griottes / 3 dl. de tokay / 125 g. de sucre / 3 jaunes d'œufs / Le sirop de macération des griottes / 80 g. de crème.

Dénoyauter les griottes et les mettre dans un saladier avec le vin et le sucre. Mettre 2 heures au frais.

Battre la crème en chantilly. Egoutter les cerises et en réserver quelques unes. Mélanger le reste à la chantilly.

Tapisser le fond et les parois d'un moule avec la glace à la vanille puis verser à l'intérieur la crème aux griottes. Fermer avec une couche de glace. Mettre au congélateur.

Pour servir mettre les jaunes dans un récipient avec le vin de macération et fouetter sur le feu, au bain-marie, jusqu'à ce que le mélange soit mousseux.

Démouler la bombe et napper de sabayon. Décorer avec les cerises réservées.

Bombe glacée aux marrons

Prép. : 20 mn.
8 pers.

1 boîte 4/4 de crème de marrons / 150 g. de sucre / 3/4 lit. de crème fouettée / 5 cl. de rhum / 1 bloc ménage de glace vanille / 8 marrons glacés.

Travailler délicatement la crème de marrons avec le rhum, la crème fouettée, le sucre. Chemiser un moule à bombe ou une coupe de glace à la vanille. Remplir de crème de marrons, recouvrir de glace. Mettre au freezer. Pour servir, démouler et décorer de marrons glacés.

Kougelhof glacé aux griottes

Prép. : 25 mn. Cuiss. : 15 mn.
8 pers.

1/2 lit. de crème / 100 g. de sucre / 6 jaunes d'œufs / 10 cl. de kirsch / 180 g. de griottes au kirsch / Chantilly.

Travailler jusqu'au ruban les jaunes et le sucre au bain-marie, en évitant l'ébullition.

Battre jusqu'au refroidissement, ajouter le kirsch, la crème battue en chantilly. Verser dans un moule à kougelhof et mettre dans la partie freezer du réfrigérateur.

Au moment de servir, démouler et garnir de chantilly et de griottes.

Coupes glacées au miel

Prép. : 20 mn. Cuiss. : 10 mn.
6 pers.

1/2 lit. de lait / 5 jaunes d'œufs / 20 cl. de crème Chantilly non sucrée / 25 cl. de miel d'acacia.

Battre les jaunes et ajouter le lait bouillant. Faire épaissir sur feu doux. Hors du feu, ajouter le miel, laisser refroidir et ajouter la chantilly.
Mettre en sorbetière à turbiner. Dresser en coupes.

Parfait glacé à la myrtille

Prép. : 30 mn. Cuiss. : 2 mn.
8 pers.

8 jaunes d'œufs / 1/4 lit. d'eau / 250 g. de sucre / 1/2 lit. de crème fouettée / 200 g. de myrtilles.

Mettre l'eau et le sucre à bouillir. A ébullition, délayer les jaunes avec un peu de sirop ; puis les verser dans le sirop. Cuire à petit feu jusqu'à la nappe. Retirer du feu et battre au fouet électrique à grande vitesse pendant 20 minutes. Ajouter à complet refroidissement, la crème fouettée et les myrtilles. Verser dans un bac et mettre dans le congélateur.

Mousse glacée au confit de rose

Prép. : 15 mn.
8 pers.

250 g. de confit de rose (vendu en épicerie fine) / 1/2 lit. de crème / 5 cl. d'alcool de rose / 3 roses en pâte d'amande.

Battre la crème pour la rendre épaisse. Incorporer délicatement le confit de rose et l'alcool.
Verser dans un moule à cake et mettre 3 heures au freezer.
Démouler sur un plat. Décorer avec des roses en pâte d'amande. Servir avec des petits fours.

Mousse glacée de pêches au cointreau

Prép. : 20 mn.
6 pers.

250 g. de pulpe de pêches / 5 cl. de cointreau / 50 g. de sucre / 2 dl. de crème / Crème anglaise au cointreau (p. 91) / Zeste d'orange confit.

Battre la crème en chantilly, ajouter le sucre, la pulpe de pêches et l'alcool, garnir des petits moules. Mettre au freezer.
Pour servir, démouler sur assiettes et entourer de crème anglaise au cointreau. Décorer de motifs de zeste d'orange confit.

Vacherin glacé

Prép. : 30 mn.
10 pers.

3 disques meringue / 2 demi-litres de glace parfums au choix / 1/2 lit. de chantilly.
Décor : *Fruits confits ou tout autre tel que : dragées, pralines, mimosa, violettes confites, fruits frais.*

Poser un disque de meringue sur un plat. Recouvrir d'une couche de glace. Poser un deuxième disque, puis recouvrir de glace. Poser le dernier disque de meringue.

Chemiser entièrement de chantilly et décorer selon le goût personnel.

Volcan glacé

✗✗✗ ⊙⊙

Prép. : 30 mn. Cuiss. : 1 mn.
8 pers.

1 génoise (p. 96) / 1 lit. de sorbet aux fruits exotiques / Meringage (p. 95) / Sucre glace / 5 cl. de rhum / 100 g. de sucre.

Chauffer à ébullition 2 dl. d'eau et le sucre. Hors du feu ajouter le rhum.

Creuser le milieu du biscuit et l'imbiber au pinceau de sirop.

Couvrir de meringage et passer 1 minute au four th. 8.

Après refroidissement, poser au centre des boules de sorbet et servir.

Les charlottes

Charlotte créole

Prép. : 35 mn.
8 pers.

30 biscuits cuillers / Crème bavaroise au rhum (p.90) / 40 g. de copeaux de chocolat / Sirop : 150 g. de sucre, 1 dl. de rhum / Chantilly au chocolat (p. 91) / 2 bananes en rondelles macérées au rhum / Crème bavaroise au chocolat (p. 90) / 1 disque de génoise (p. 94).

Tailler un disque de génoise légèrement plus petit que celui d'un cercle à charnière posé sur un plat, le glisser dans le cercle et chemiser le tour avec les biscuits.

Chauffer 1/4 lit. d'eau avec le sucre, jusqu'à ébullition. Hors du feu ajouter le rhum.

Badigeonner la génoise avec le sirop, verser la crème bavaroise au rhum et mettre 1/4 d'heure au froid pour faire prendre. Répartir dessus les rondelles de bananes et couvrir avec la bavaroise au chocolat. Mettre au froid.

Démouler, garnir de chantilly au chocolat et de copeaux de chocolat.

Charlotte aux fraises

Prép. : 20 mn.
8 pers.

30 biscuits cuillers / 50 g. de sucre / 1 dl. de marasquin / 250 g. de fraises / 2 dl. de chantilly / Bavarois aux fraises (p. 33).

    Faire bouillir 1,5 dl. d'eau avec le sucre. Hors du feu, ajouter le marasquin.
    Tremper rapidement les biscuits dans ce sirop et en chemiser un moule.
    Incorporer 200 g. de fraises lavées, équeutées et coupées en quatre au bavarois aux fraises. Le verser dans le moule, recouvrir de biscuits, les humecter de sirop et mettre au frais.
    Pour servir, démouler, décorer de chantilly et de fraises réservées.

Charlotte fructidor

Prép. : 40 mn.
8 pers.

30 biscuits cuillers / Crème bavaroise au marasquin (p. 90) / 400 g. de petits dés de fruits frais de saison / Sirop (1/4 lit. d'eau, 150 g. de sucre, 1 dl. de marasquin) / Fruits frais pour décorer / Génoise (p. 94).

Tailler un disque de génoise d'un diamètre égal au diamètre intérieur d'un cercle à gâteau, moins l'épaisseur des biscuits.

Poser dans le cercle le disque de génoise, l'imbiber de sirop au marasquin. Disposer les biscuits autour. Verser une première couche de crème bavaroise, mettre 1/4 d'heure au frais pour faire prendre puis étaler des fruits. Recommencer plusieurs fois cette opération. Mettre au frais. Enlever le cercle. Décorer de fruits frais. Entourer d'un ruban.

Charlotte aux fruits de la passion

Prép. : 40 mn.
10-12 pers.

30 biscuits cuillers / 1/2 lit. de jus de fruits de la passion / 8 jaunes d'œufs / 100 g. de sucre semoule / 6 feuilles de gélatine / 1/2 lit. de crème fouettée / 1/4 lit. de chantilly.

Mettre le jus de fruits de la passion à bouillir.

Mélanger les jaunes d'œufs avec le sucre, verser dans le mélange bouillant et cuire jusqu'à la nappe. Ajouter les feuilles de gélatine ramollies à l'eau froide et égouttées. Mettre à refroidir et ajouter la crème fouettée lorsque le mélange commence à prendre.

Chemiser le tour et le fond d'un moule de biscuits cuillers, verser la crème et recouvrir de biscuits. Mettre au réfrigérateur.

Pour servir, démouler sur un plat et décorer de rondelles de kiwi.

Charlotte au miel

Prép. : 35 mn.
8 pers.

400 g. de biscuits cuillers / 60 g. de meringues : 150 g. de miel / 1/2 lit. de crème / 1/2 lit de lait / 3 œufs / 175 g. de sucre / 50 g. de farine / Sucre glace / 5 cl. de cointreau / 1/2 gousse de vanille / 5 feuilles de gélatine / 1/4 lit. de chantilly / Amandes grillées.

Disposer les biscuits autour et dans le fond d'un moule.

Faire la crème pâtissière avec le lait, les œufs, 100 g. de sucre, la farine, la vanille fendue. Ajouter les feuilles de gélatine trempées et égouttées.

Hors du feu, ajouter le cointreau. Préparer un caramel avec 75 g. de sucre et l'éteindre avec la crème pâtissière refroidie. Ajouter la crème fouettée.

Déposer du miel sur les biscuits et verser une partie de crème. Disposer des meringues enduites de miel. Refaire l'opération jusqu'à épuisement des ingrédients. Terminer par une couche de biscuits. Mettre au frais. Pour servir, démouler et saupoudrer de sucre glace. décorer de chantilly et d'amandes grillées.

Charlotte moka

Prép. : 20 mn.
8 pers.

30 biscuits cuillers / 1 dl. de rhum / 1,5 dl. d'eau / 50 g. de sucre / Crème anglaise (p. 91) au café / Crème bavaroise (p. 90) au café / Grains de café en chocolat / Chantilly.

Mélanger le rhum, le sucre et 1,5 dl. d'eau bouillante. Y tremper rapidement les biscuits et en tapisser un moule à charlotte. Verser la crème bavaroise dans le moule. Poser des biscuits dessus. Mettre 2 heures au frais.

Démouler, décorer de chantilly, de bavaroise moulée à la cuillère et de grains de café en chocolat.

Accompagner de crème anglaise au café.

Charlotte parisienne ✗✗ ○

Prép. : 30 mn.
8 pers.

30 biscuits cuillers / Crème bavaroise (p. 90) au kirsch / 1/4 lit. de chantilly / 100 g. de cerises confites / Sirop : 1/4 lit. d'eau, 150 g. de sucre, 1 dl. de rhum.

Garnir un moule à charlotte de biscuits imbibés de sirop. Remplir de crème à mi-hauteur, parsemer de cerises, ajouter sur toute la surface, des biscuits imbibés de sirop au kirsch. Garnir avec le reste de crème. Terminer avec des biscuits imbibés. Mettre au frais.

Pour servir, démouler et garnir de chantilly, de cerises et d'angélique.

Charlotte à l'orange ✗✗ ∞

Prép. : 20 mn.
10 pers.

50 biscuits cuillers / 1/4 lit. de jus d'orange / 100 g. de sucre / 1 dl. de grand-marnier / 600 g. de confiture d'orange / 2 oranges / 6 cerises confites / 1/2 lit. de lait / 100 g. de sucre / 4 jaunes d'œufs / Angélique.

Mettre le jus d'orange à chauffer avec le sucre et le grand-marnier. Retirer du feu à ébullition.

Chemiser un moule de biscuits trempés dans le sirop, masquer de confiture puis continuer l'opération jusqu'à épuisement des ingrédients. Mettre 2 heures au frais puis démouler sur un plat et garnir de tranches d'oranges cannelées, de cerises confites et d'angélique.

Mettre le lait à bouillir avec le sucre et la julienne d'une écorce d'orange. A ébullition, ajouter les jaunes délayés dans un peu de lait froid. Cuire jusqu'à la nappe. Mettre au frais.

Servir accompagné de la crème à l'orange.

Charlotte russe

✖✖ ○

Prép. : 30 mn.
8 pers.

30 biscuits cuillers / 1 boîte 4/4 de poires au sirop / Crème bavaroise (p. 90) à l'alcool de poire / Sirop : 150 g. de sucre, 1 dl. d'alcool de poire / 1/4 lit. de coulis de fruits rouges de saison.

Chauffer 1/4 lit. d'eau et le sucre jusqu'à ébullition. Hors du feu ajouter l'alcool de poire.

Chemiser un moule de biscuits imbibés de sirop. Tailler les poires en dés, en réserver 4 demies.

Préparer la crème bavaroise et remplir à moitié le moule, disposer les dés de poires, puis des biscuits imbibés de sirop, verser le reste de crème, terminer par des biscuits. Mettre au frais.

Démouler, garnir de tranches de poires réservées à cet effet.

Accompagner d'un coulis de fruits rouges.

Charlotte tutti frutti

✖✖ ○

Prép. : 30 mn.
8 pers.

30 biscuits cuillers / 300 g. de fruits divers (fraises, framboises, cassis, mûres, myrtilles, griottes) / 1/4 lit. de crème pâtissière (p. 90) / 6 feuilles de gélatine / 1/2 lit. de crème fouettée / Sirop : 150 g. de sucre, 5 cl. de kirsch.

Porter à ébullition 2 dl. d'eau et le sucre. Hors du feu, ajouter le kirsch.

Chemiser un moule de biscuits imbibés du sirop.

Ramollir la gélatine à l'eau froide, puis l'ajouter dans la crème pâtissière chaude en fouettant.

Mélanger les fruits à la crème pâtissière refroidie, puis les 3/4 de la crème fouettée.

Verser dans le moule, recouvrir de biscuits. Mettre au frais. Démouler.

Décorer de chantilly et de fruits.

Diplomate

✗✗ ○

Prép. : 30 mn.
8 pers.

30 biscuits cuillers / 1/2 lit. de lait / 80 g. de sucre / 3 œufs + 2 jaunes / 60 g. de farine / 1/2 gousse de vanille / 120 g. de fruits confits et de raisins secs macérés au rhum / Coulis de fruits (p. 49).

   Mettre le lait et la gousse de vanille à bouillir. Mélanger les œufs, les jaunes, le sucre et la farine puis verser dans le lait. Cuire sur feu doux sans cesser de remuer. Retirer la vanille. Ajouter les fruits et mettre au frais.
   Chemiser un moule de biscuits. Verser la moitié de la crème, ajouter des biscuits, recouvrir de crème. Terminer avec des biscuits et mettre au frais. Démouler sur un plat et entourer la base d'un coulis de fruits rouges.

Charlotte pralinée

Prép. et cuiss. : 30 mn.
8 pers.

30 biscuits cuillers / 5 cl. de kirsch / 1/4 lit. d'eau / 100 g. de sucre / 100 g. de pralin pâte ou en poudre / 1/2 lit. de lait / 1/2 gousse de vanille / 60 g. de farine / 80 g. de sucre / 3 œufs + 2 jaunes / 80 g. de noisettes.

Mettre le lait vanillé à bouillir. Mélanger les œufs, les jaunes, les 80 g. sucre, le pralin et la farine. Verser ce mélange dans le lait bouillant, en remuant. Porter à ébullition et cuire 2 minutes sans cesser de remuer. Retirer la vanille. Mettre à refroidir.

Mettre l'eau et les 100 g. de sucre à bouillir. Retirer du feu, ajouter le kirsch.

Tapisser un moule de biscuits trempés dans le sirop. Verser la crème*, recouvrir de biscuits imbibés et mettre au frais. Démouler sur un plat. Décorer de noisettes grillées.

* On peut réserver un peu de crème pour la décoration.

Le prélat

Prép. : 40 mn.
10 pers.

26 biscuits cuillers / 500 g. de chocolat amer / 250 g. de beurre / 6 œufs / 250 g. de sucre / Sucre glace / Crème anglaise (p. 91) / Alcool de menthe / Copeaux de chocolat.

Préparer un meringage avec les blancs d'œufs et le sucre (p. 94).

Faire fondre le chocolat au bain-marie avec le beurre. Hors du feu, en travaillant à la spatule, ajouter les jaunes, puis le meringage.

Chemiser un moule à cake de biscuits, verser la préparation à l'intérieur, recouvrir de biscuits. Mettre au frais. Pour servir, démouler, saupoudrer de sucre glace et garnir de copeaux de chocolat.

Servir avec la crème anglaise parfumée à l'alcool de menthe.

Les beignets

Beignets hollandais ✕ ○

Prép. : 15 mn. Cuiss. : 10 mn.
6 pers.

500 g. de farine / 30 g. de levure boulangère / 1/2 lit. de lait / 100 g. de raisins secs / 1 pomme émincée finement / Le zeste râpé d'un citron / 1 pincée de sel / Sucre glace.

Délayer la levure dans un peu de lait. Mettre la farine dans un saladier, ajouter la levure, le lait, le sel, le zeste de citron, travailler pour obtenir une pâte lisse. Ajouter les raisins, la pomme. Laisser doubler de volume.

Faire tomber des boules de pâte dans la friture chaude à 160°. Les retourner. Les égoutter sur un linge, les saupoudrer de sucre glace. Les dresser sur un plat garni d'un papier dentelle.

Beignets aux pommes ✕ ○

Prép. : 20 mn. Cuiss. : 5 mn.
6 pers.

Pâte : *250 g. de farine / 1 pincée de sel / 2 dl. de bière blonde / 1 jaune d'œuf / 2 blancs en neige / 20 g. de sucre / 5 cl. de rhum.*
3 pommes / 5 cl. de rhum / Sucre glace.

Eplucher les pommes, les tailler en rondelles, éliminer le cœur, les mettre à macérer dans 5 cl. de rhum.

Mettre la farine dans un saladier et ajouter le sel, le rhum, le jaune d'œuf, la bière. Travailler pour obtenir une pâte homogène. Laisser reposer 1 heure puis ajouter les blancs en neige.

Passer les tranches de pommes dans la pâte et les plonger dans la friture chaude (180°C). Les retourner à mi-cuisson, les égoutter sur du papier absorbant, les dresser sur un plat. Les saupoudrer de sucre glace.

On peut faire des beignets avec des quartiers d'orange pelés à vif ou des tranches d'ananas frais.

Beignets soufflés ou pets de nonne

Prép. : 15 mn. Cuiss. : 8 mn.
4 pers.

1/4 lit. de lait / 150 g. de farine / 20 g. de sucre / 75 g. de beurre / 4 œufs / 1 pincée de sel / 5 cl. de liqueur choisie / 100 g. de sucre glace / Huile de friture.

Mettre le lait à bouillir avec le beurre, le sel, la liqueur, 20 g. de sucre, à l'ébullition y verser la farine. Travailler la pâte jusqu'à ce qu'elle se décolle des parois de la casserole. Verser dans un saladier, ajouter les œufs un à un.

Faire tomber des petites boules de pâte dans la friture à 170°C. Les retourner à mi-cuisson. Les égoutter sur du papier absorbant, les saupoudrer de sucre glace, puis les dresser sur un plat.

Beignets de carnaval

Prép. : 1 h. Cuiss. : 5 à 8 mn.
10 à 12 pers.

750 g. de farine / 125 g. de beurre / 3 œufs / 150 g. de sucre / 1/4 lit. de lait / 1 pincée de sel / Huile / Mélange sucre-cannelle / 25 g. de levure boulangère.

Mettre la farine en fontaine et au milieu, la levure délayée avec un peu de lait, mélanger avec un peu de farine et laisser lever jusqu'à ce que le mélange ait doublé de volume.

Mélanger les œufs, le beurre, le sucre, le sel, le lait. Placer près d'une source de chaleur. Ajouter ce mélange au précédent, travailler et laisser doubler de volume.

Tapoter la pâte pour lui faire reprendre son volume initial, l'abaisser au rouleau à 3 mm d'épaisseur.

Découper des formes à la roulette à pâte, les mettre sur un plateau fariné et les laisser doubler de volume.

Les frire à l'huile chaude, les retourner en cours de cuisson, les retirer lorsqu'ils sont dorés. Les sortir, les égoutter sur papier absorbant et les passer dans un mélange sucre-cannelle.

Les crêpes

Blinis à l'autrichienne

Prép. : 30 mn.
6 pers.

250 g. de farine / 10 g. de levure de boulanger / 4 cuillerées à soupe de lait / 50 g. de beurre fondu / 100 g. de crème / 1 jus de citron / 4 blancs d'œufs / 4 jaunes d'œufs / 150 g. de sucre / 300 g. de framboises / 50 g. de beurre pour la cuisson des blinis.

Mixer les framboises avec 100 g. de sucre, passer au tamis.

Mettre la farine dans un bol, mettre au centre la levure délayée dans le lait. Mélanger, ajouter la crème, le jus de citron, 50 g. de sucre, les jaunes d'œufs, le beurre fondu. Laisser lever 1 heure puis ajouter les blancs en neige. Cuire des petites crêpes épaisses de 1 cm.

Servir sur assiettes individuelles en arrosant chaque blini de coulis de framboises.

Blinis aux oranges

Prép. : 30 mn. Cuiss. : 50 mn.
6 pers.

Pâte : *200 g. de farine / 3 œufs / 1 yaourt / 2 cuillerées à soupe d'huile / 1 pincée de sel / 3 cuillerées à soupe de sucre.*
40 g. de beurre / 11 oranges / 200 g. de sucre / 5 cl. de grand-marnier.

Préparer une pâte lisse avec la farine, les jaunes d'œufs, le yaourt, l'huile, le jus de 2 oranges, le sel, le sucre. Mettre 2 heures au frais puis ajouter les blancs en neige.

Cuire au beurre des crêpes de 10 cm de diamètre et de 1/2 cm d'épaisseur.

Prélever le zeste de 2 oranges en fines lanières. Peler 6 oranges à vif.

Préparer un sirop avec le jus de 3 oranges, 200 g. de sucre et le grand-marnier et y faire pocher le zeste d'orange, puis les 6 oranges 10 mn. à feu doux, à couvert. Placer sur chaque blini, une orange. Napper de sirop, saupoudrer de zeste confit.

Crêpes fourrées "amandine"

✗ ○

Prép. : 25 mn.
6 pers.

12 crêpes / 1/2 lit. de crème pâtissière (p. 90) / 5 cl. de rhum / 60 g. de poudre d'amande / Quelques gouttes d'extrait d'amandes amères / 2 dl. de coulis d'abricots (p. 49) / 2 cuillerées à soupe de sucre glace.

Ajouter à la crème pâtissière, le rhum, la poudre d'amandes, l'extrait d'amandes amères. Fourrer les crêpes de cette préparation, saupoudrer de sucre glace et mettre 10 minutes au four pour chauffer.
Servir les crêpes accompagnées de coulis d'abricots.

Crêpes au citron

Prép. : 25 mn. Cuiss. : 45 mn.
6 pers.

Pâte à crêpes : *150 g. de farine / 2 œufs / 1/3 lit. de lait / 1 pincée de sel / 1 zeste de citron / 40 g. de beurre.*
Crème : *3 œufs / 4 citrons / 200 g. de sucre / 60 g. de beurre / Sucre glace / 20 g. + 50 g. de beurre.*

Faire cuire les crêpes avec un peu de beurre.
Mettre dans une casserole inoxydable, les œufs, le sucre, les zestes râpés et le jus de 3 citrons. Battre sur feu doux jusqu'à l'épaississement. Retirer et ajouter 50 g. de beurre.
Beurrer un moule de la grandeur des crêpes. Placer dans le fond une crêpe et la chemiser de crème puis répéter l'opération jusqu'à épuisement des ingrédients. Mettre à cuire au four, th. 6, 20 minutes. Laisser tiédir. Démouler. Saupoudrer de sucre glace et garnir de tranches de citron passées au beurre.

Crêpes soufflées aux fraises

Prép. : 40 mn. Cuiss. : 8 mn.
6 pers.

12 crêpes / 50 g. de beurre / 2 dl. de crème pâtissière (p. 90) / 3 blancs en neige / 250 g. de fraises / 5 cl. de grand-marnier / 2 cuillerées à soupe de sucre glace / 100 g. de sucre en poudre.

Mettre les fraises à macérer dans le grand-marnier et 100 g. de sucre 1 heure au frais.

Incorporer les blancs en neige à la crème pâtissière. Fourrer les crêpes.

Plier en quatre. Mettre 8 à 10 minutes au four, th. 7, sur une plaque beurrée.

Mixer les fraises avec leur jus de macération.

A la sortie du four, saupoudrer les crêpes de sucre glace. Dresser sur assiettes et entourer la base de coulis de fraises.

Crêpes de fruits au cidre

Prép. : 35 mn. Cuiss. : 30 mn.
6 pers.

Pâte à crêpes : *250 g. de farine / 3 œufs / 80 g. de beurre / 1 pincée de sel / 1/2 lit. de cidre.*
50 g. de beurre / 1/2 lit. de cidre doux / 3 demi-poires au sirop / 3 demi-pommes pochées au sirop / 3 demi-pêches au sirop / 150 g. de sucre.

    Préparer la pâte à crêpes et la laisser reposer 1 heure. Faire cuire les crêpes au beurre.
    Mettre le cidre à bouillir avec le sucre et y ajouter les fruits taillées en dés. Cuire 10 minutes, les retirer et réduire le sirop des 2/3.
    Remplir les crêpes de fruits cuits, les rouler, les napper de sirop et servir.

Crêpes martiniquaises ✕ ○

Prép. : 20 mn. Cuiss. : 5 mn.
4 pers.

12 crêpes / 4 kiwis / 2 oranges / 1 grenade / 2 cuillerées à soupe de rhum / 20 g. de cassonade.

Peler les oranges à vif. Séparer les quartiers, en récupérant le jus. Tailler les kiwis épluchés en rondelles, égrener la grenade. Mettre dans un bol tous les fruits, la cassonade et le rhum et laisser macérer.

Egoutter les fruits et faire réduire le jus de moitié.

Dresser les crêpes sur assiettes. Garnir avec les fruits et napper de jus réduit. Servir aussitôt.

Crêpes "Montmartre" ✕ ○

Prép. : 15 mn.
4 pers.

8 crêpes / 4 boules de glace vanille / 8 demi-pêches blanches / 1 dl. de rhum / 250 g. de framboises / 40 g. de sucre / 1 citron / Feuilles de menthe.

Faire macérer les pêches coupées en tranches dans le rhum. Mixer les framboises avec le sucre et le jus de citron. Dresser une crêpe par assiette. Poser 1 boule de glace, quelques tranches de pêches, arroser de coulis de framboises. Décorer de feuilles de menthe.

Crêpes "Sarlat" ✕ ○

Prép. : 20 mn.
4 pers.

12 crêpes / 200 g. de cerneaux de noix / 1 grappe de raisin blanc / 1,5 dl. de chantilly / Granulés de chocolat.

Peler et épépiner les raisins. Mettre au frais.

Garnir chaque crêpe de noix, de grains de raisin, de chantilly, de granulés de chocolat et servir.

Pudding au chocolat

Prép. : 30 mn. Cuiss. : 30 mn.
8 pers.

1/2 lit. de lait / 100 g. de chocolat / 100 g. de tapioca / 3 œufs / 50 g. de sucre en poudre / 20 g. de beurre / 1/2 lit. de crème anglaise (p. 91) / 10 g. de beurre pour le moule / 30 g. d'amandes effilées.

Faire fondre le chocolat au bain-marie. Mettre le lait à bouillir, y verser le tapioca en pluie en remuant, et cuire 8 à 10 minutes à petit feu, ajouter 20 g. de beurre et les jaunes. Battre les blancs en neige avec le sucre puis mélanger à la précédente préparation refroidie. Verser dans un moule beurré et chemisé d'amandes effilées.
Cuire au bain-marie au four th. 6, 30 minutes.
Accompagner de crème anglaise.

Les puddings, flans...

Entremets aux perles du Japon

Prép. : 15 mn. Cuiss. : 40 mn.
4 pers.

1/2 lit. de lait / 40 g. de perles / 60 g. de sucre / 50 g. de raisins secs / 2 jaunes d'œufs / 1/4 lit. de crème anglaise à l'orange / 25 g. de beurre.

Mettre le lait à bouillir, y verser les perles et laisser cuire environ 15 minutes en remuant jusqu'à épaississement.

Battre les jaunes et le sucre jusqu'à ce qu'ils blanchissent et ajouter la précédente préparation ainsi que les raisins. Verser dans un moule beurré et mettre cuire au bain-marie au four, th. 6, 25 minutes. Servir chaud avec une crème anglaise.

Flan de semoule au caramel

Prép. : 20 mn. Cuiss. : 30 mn.
6 pers.

3/4 lit. de lait / 3 jaunes d'œufs / 120 g. de sucre / 40 g. de beurre / 1/2 gousse de vanille / 90 g. de semoule / 40 g. de raisins secs.

Mettre le lait vanillé avec le beurre et 50 g. de sucre à bouillir, ajouter la semoule en pluie, cuire sur le feu pour épaissir 8 à 10 minutes à petit feu. Hors du feu, ajouter les 3 jaunes, les raisins.

Préparer un caramel avec le reste de sucre puis le verser dans un moule pour le chemiser. Laisser reposer 10 minutes et y verser la semoule. Mettre au bain-marie au four, th. 6, 30 minutes.

Laisser entièrement refroidir. Démouler pour servir.

Flan de pommes à la semoule

Prép. : 25 mn. Cuiss. : 35 mn.
6 pers.

3/4 lit. de lait / 3 œufs / 60 g. de sucre / 2 cuillerées à café de cannelle / 5 cuillerées à soupe de crème / 80 g. de semoule / 20 g. de farine / 50 g. de raisins secs / 3 pommes / 70 g. de beurre.

Préparer une pâte avec 1 œuf, 30 g. de sucre, la farine, 3 cuillerées à soupe de lait. Y mêler les pommes pelées, émincées et les raisins.

Mettre le lait à bouillir, y verser la semoule en pluie. Cuire 8 à 10 minutes et mélanger les deux préparations. Verser dans un moule beurré.

Battre les 2 œufs restants avec la crème, sucre, cannelle. Verser sur le flan, répartir quelques flocons de beurre et mettre cuire au four, th. 7.

Servir dans le plat de cuisson.

Flan de cerises à la semoule

Prép. : 5 mn. Cuiss. : 40 mn.
6 pers.

1 lit. de lait / 150 g. de sucre / 1 gousse de vanille / 250 g. de semoule / 75 g. de beurre / 1 pincée de sel / 10 morceaux de sucre / 500 g. de cerises.

Faire bouillir le lait avec le sucre, la gousse de vanille fendue, le beurre, le sel, et y verser la semoule en pluie. Laisser épaissir 10 minutes.

Faire un caramel avec les 10 morceaux de sucre et 1 cuillerée à soupe d'eau et chemiser un moule.

Hors du feu, mettre les cerises dans la semoule et verser dans le moule caramélisé.

Faire cuire 30 minutes au four, th. 7.

Servir tiède.

Riz maltaise

✗ ○

Prép. : 10 mn. Cuiss. : 35 mn.
6 pers.

1 lit. de lait / 100 g. de riz rond / 300 g. de sucre / 1 dl. de crème fouettée / 1 gousse de vanille / 5 cl. de grand-marnier / 1 dl. de grenadine / 6 oranges.

Prélever le zeste de 3 oranges bien lavées, le couper en fine julienne et le confire 10 minutes dans le sirop de grenadine à petit feu.

Laver le riz, le faire cuire 2 minutes à l'eau bouillante salée, l'égoutter et le faire cuire dans le lait vanillé pendant 35 minutes. Hors du feu, ajouter 200 g. de sucre, le grand-marnier, la julienne de zeste d'orange. A complet refroidissement, ajouter la crème.

Eplucher les oranges à vif, les couper en rondelles, les saupoudrer du reste de sucre. Dresser le riz en bordure sur des assiettes individuelles et remplir la cavité de salade d'orange.

Riz à l'impératrice

Prép. : 10 mn. Cuiss. : 35 mn.
6 pers.

1 lit. de lait / 100 g. de riz rond / 200 g. de sucre / 1 dl. de crème fouettée / 1 gousse de vanille / 200 g. de fruits confits en cubes macérés au kirsch / Coulis de fruits rouges (p. 49).

Laver le riz, le faire cuire 2 minutes à l'eau bouillante salée, l'égoutter et le faire cuire doucement dans le lait vanillé pendant 35 minutes. Ajouter le sucre, les fruits confits.

Après complet refroidissement, incorporer la crème fouettée et verser dans un moule beurré. Mettre au frais pendant 2 heures puis démouler sur un plat. Entourer la base d'un coulis de fruits rouges.

Les recettes de base

Crème bavaroise

Prép. : 15 mn. Cuiss. : 2 mn.
8 pers.

Crème anglaise : *1/4 lit. de lait / 1/2 gousse de vanille / 4 jaunes d'œufs / 150 g. de sucre.*
1/3 lit. de crème / 6 feuilles de gélatine / 1 dl. d'alcool au choix.

Faire la crème anglaise (p. 91). Mettre les feuilles de gélatine à tremper 5 minutes dans 1/2 verre d'eau froide, les égoutter et ajouter à la crème chaude en fouettant jusqu'à complète dissolution.
Battre la crème fraîche jusqu'à l'obtention de la consistance d'une chantilly et la mélanger à la précédente préparation au moment où le mélange commence à prendre. Ajouter l'alcool au choix.
Utiliser aussitôt.

Pour faire une **crème bavaroise au chocolat**, *mettre 50 g. de chocolat fondre dans le lait en remplacement de la vanille.*

Crème pâtissière

Prép. : 10 mn. Cuiss. : 5 mn.
4 pers.

1/4 lit. de lait / 4 jaunes d'œufs / 50 g. de sucre / 1/2 gousse de vanille / 25 g. de farine / 10 g. de beurre.

Mettre le lait à bouillir avec la vanille.
Travailler à la spatule le sucre, les jaunes d'œufs, la farine. Verser dans le lait bouillant en remuant. Cuire 5 minutes à feu doux. Verser dans une coupe et mettre le beurre dessus pour éviter la formation d'une pellicule.
Refroidir.

On peut parfumer cette crème avec 35 g. de cacao en poudre, ou quelques gouttes d'extrait de café, ou 50 g. de beurre en pommade et 1,5 dl. de rhum, de cointreau, ou de kirsch.

Crème anglaise ✕ ○

Prép. : 10 mn. Cuiss. : 3 mn.
6 pers.

1/2 lit. de lait / 100 g. de sucre / 5 jaunes d'œufs / 1/2 gousse de vanille fendue en deux dans la longueur.

Mettre le lait à bouillir avec la vanille. Battre les jaunes d'œufs et le sucre jusqu'au blanchiment, ajouter en remuant le lait. Baisser le feu au minimum et cuire jusqu'à la nappe (environ 3 minutes). Verser immédiatement dans un autre récipient.
Remuer encore quelques minutes.

Pour obtenir une **crème anglaise au caramel,** *faire un caramel avec 100 g. de sucre et verser avec précautions le lait bouillant dedans. Finir la crème comme précédemment.*

On peut parfumer une **crème anglaise à l'orange** *en faisant bouillir le lait avec un zeste d'orange bien lavé et filtrer avant de faire la crème.*

Pour une **crème anglaise au cointreau,** *supprimer la vanille et ajouter 1 dl. de cointreau dans le mélange œufs/sucre après blanchiment.*

Chantilly au chocolat ✕✕ ○

Prép. : 10 mn.
6 pers.

250 g. de crème fraîche / 1 cuillerée à soupe de sucre glace / 1 sachet de sucre vanillé / 100 g. de chocolat.

Faire fondre le chocolat au bain-marie.
Mettre la crème dans un récipient haut et la placer au réfrigérateur 1 heure.
Battre la crème jusqu'à ce qu'elle devienne ferme.
Saupoudrer de sucre, puis y mêler délicatement le chocolat.

Crème au beurre à l'anglaise

Prép. : 15 mn. Cuiss. : 1 mn.

1/4 lit. de lait / 5 jaunes d'œufs / 200 g. de sucre / 300 g. de beurre.

Travailler les jaunes avec le sucre et verser le lait bouillant dessus. Faire cuire jusqu'à la nappe.

Après refroidissement, incorporer le beurre par petites quantités en remuant à la spatule.

Ganache

Prép. : 10 mn. Cuiss. : 5 mn.

1/4 lit. de crème / 375 g. de chocolat de couverture.

Faire bouillir la crème puis ajouter le chocolat haché. Hors du feu, travailler et lisser au fouet.

Ganache au lait *: Remplacer le chocolat de couverture par du chocolat au lait.*

Ganache beurrée *: Incorporer 50 g. de beurre en pommade à 250 g. de ganache.*

Glace à la vanille

Prép. : 10 mn. Cuiss. : 10 mn.
6 pers.

1/2 lit. de crème fraîche / 125 g. de sucre semoule / 4 jaunes d'œufs / 1 gousse de vanille fendue.

A feu très doux faire tiédir la crème avec la gousse de vanille.
Mélanger les jaunes d'œufs et le sucre. Travailler jusqu'à ce que le mélange blanchisse.
Ajouter peu à peu la crème sans cesser de tourner. Porter la casserole sur feu doux et faire épaissir la préparation en remuant, sans laisser bouillir.
Mettre la crème à refroidir avant de la verser dans la sorbetière pour la faire glacer.

Zeste d'orange confit

Prép. : 5 mn. Cuiss. : 15 mn.

Prélever le zeste sans le ziste (partie blanche de l'écorce) de 2 oranges en très fines lanières.
Le jeter dans de l'eau bouillante. L'égoutter après 3 minutes de cuisson.
Faire un sirop avec 1 verre d'eau et 10 morceaux de sucre et y plonger les zestes blanchis. Les y laisser cuire jusqu'à ce qu'ils commencent à caraméliser.
Les sortir rapidement et les étendre délicatement sur une assiette pour les faire refroidir sans les briser.

Pâte à crêpes

Prép. : 10 mn. Cuiss. : 20 mn.

250 g. de farine / 3 œufs / 1/2 lit. de lait / 50 g. de beurre fondu / 1 pincée de sel / 70 g. de beurre / 2 cuillerées à soupe d'alcool au choix selon goût ou quelques gouttes d'eau de fleur d'oranger / 40 g. de beurre pour la cuisson.

Mélanger la farine, le sel, ajouter progressivement le lait, les œufs puis le beurre fondu, le parfum. Passer au chinois. Laisser reposer.
Faire cuire les crêpes au beurre.

Ces proportions donnent 18 crêpes de 20 cm de diamètre.

Génoise

Prép. : 20 mn. Cuiss. : 55 mn.

4 œufs / 125 g. de sucre / 125 g. de farine / 10 g. de beurre et 10 g. de farine pour le moule.

Battre les œufs et le sucre au bain-marie au fouet électrique, jusqu'à ce que le mélange forme le ruban, 15 minutes. Retirer et continuer de battre pour refroidir. Ajouter à la spatule en bois, en soulevant, la farine tamisée.
Verser dans un moule beurré et fariné et cuire au four th. 5, 40 minutes. Vérifier la cuisson à l'aide d'une aiguille.

Meringue à la suisse ✕ ✕⃝

Prép. : 30 mn. Cuiss. : 10 mn.

4 blancs d'œufs / 250 g. de sucre semoule.

Incorporer progressivement le sucre semoule dans les blancs.

Battre le mélange au fouet électrique au bain-marie pendant 10 minutes (la température du mélange doit avoir 45°C environ), puis retirer et battre jusqu'à complet refroidissement.

Le dressage se fait sur plaque légèrement beurrée et farinée. Pour des fonds de gâteaux, dresser des ronds de la grandeur désirée en dressant des spirales à l'aide d'une poche munie d'une douille unie. Faire cuire au four th. 2, 2 heures.

Cette préparation entre dans la composition de certaines mousses.

Pour obtenir des **meringues au chocolat**, *ajouter 35 g. de cacao en poudre.*

Pour des **meringues à la noix de coco**, *ajouter 75 g. de noix de coco râpées.*

Pour des **meringues aux amandes**, *ajouter 80 g. d'amandes en poudre.*

TABLE DES RECETTES

Pages

Abricots au miroir	5
Ananas meringué	9
Bananes soufflées	10
Bavarois au jus de pomme	32
Bavarois aux deux parfums	32
Bavarois aux framboises	33
Bavaroise au café	44
Bavaroise au thé	44
Beignets aux pommes	72
Beignets de carnaval	74
Beignets hollandais	72
Beignets soufflés ou pets de nonne	74
Blinis à l'autrichienne	76
Blinis aux oranges	77
Bombe glacée aux griottes	52
Bombe glacée aux marrons	52
Chantilly au chocolat	91
Charlotte à l'orange	66
Charlotte au miel	64
Charlotte aux fraises	61
Charlotte aux fruits de la passion	63
Charlotte créole	60
Charlotte fructidor	62
Charlotte moka	65
Charlotte parisienne	66
Charlotte pralinée	70
Charlotte russe	68
Charlotte tutti frutti	68
Clafoutis aux kiwis	20
Coulis de fruits rouges	49
Coupe aux fraises	12
Coupes glacées au miel	54
Crème anglaise	91
Crème au beurre à l'anglaise	92
Crème au chocolat	34
Crème aux fruits confits	18
Crème aux kiwis	21
Crème bavaroise	90
Crème caramel	34
Crème pâtissière	90
Crème péruvienne	35
Crèmes frites aux agrumes	8
Crêpes au citron	79
Crêpes de fruits au cidre	81
Crêpes fourrées "amandine"	78
Crêpes martiniquaises	82
Crêpes "Montmartre"	82
Crêpes "Sarlat"	82
Crêpes soufflées aux fraises	80
Diplomate	69
Entremets aux abricots	6
Entremets aux perles du Japon	85
Flan de cerises à la semoule	87
Flan de mûres	23
Flan de pommes	30
Flan de pommes à la semoule	86
Flan de semoule au caramel	86
Fraises à la crème de menthe	13
Fraises melba	48
Fromage blanc aux framboises	15
Fruits aux épices	16
Ganache	92
Génoise	94
Glace à la vanille	93
Gratin chaud aux framboises	14
Gratin de fruits	17
Gratin de pêches	24
Kougelhof glacé aux griottes	53
Le prélat	70
Melon aux fraises	22
Meringue à la suisse	95
Miroir aux fruits de la passion	18
Mousse au café	36
Mousse au chocolat	38
Mousse au citron	10
Mousse aux marrons	38
Mousse de poires à la banane	26